雷锋之歌

诗歌卷

■主编/王桂科　■副主编/云燕

南方出版传媒
花城出版社
中国·广州

图书在版编目（CIP）数据

雷锋之歌.诗歌卷 / 王桂科主编.-- 广州：花城出版社，2012.3（2020.7重印）
ISBN 978-7-5360-6467-6

Ⅰ. ①雷… Ⅱ. ①王… Ⅲ. ①诗集—中国—当代 Ⅳ. ①D648②I227

中国版本图书馆CIP数据核字（2012）第047907号

出 版 人：肖延兵
责任编辑：郑裕敏　刘玮婷
技术编辑：薛伟民　凌春梅
装帧设计：张铁林

出版发行　花城出版社
（广州市环市东路水荫路11号）
经　　销　全国新华书店
印　　刷　河北远涛彩色印刷有限公司
开　　本　880毫米×1230毫米　32开
印　　张　4
字　　数　70,000字
版　　次　2012年3月第1版　2020年7月第3次印刷
定　　价　10.00元

如发现印装质量问题，请直接与印刷厂联系调换。
购书热线：020—37604658　37602954
欢迎登陆花城出版社网站：http://www.fcph.com.cn
因时间仓促，未能与本书部分作者取得联系，作者可致电020—37603487联系责任编辑，我们将即时奉上稿酬和样书。

目录 | Contents

雷锋之歌

◎贺敬之

一

假如现在啊，
我还不曾
不曾在人世上出生，
　　假如让我啊，
　　再一次开始
　　开始我生命的航程——
在这广大的世界上啊，
哪里是我
最迷恋的地方？
　　哪条道路啊
　　能引我走上
　　最壮丽的人生？
面对整个世界，
我在注视。
　　从过去，到未来，
　　我在倾听……
八万里
风云变幻的天空啊，
今日是

几处阴？几处晴？
　　亿万人
　　脚步纷纷的道路上，
　　此刻啊
　　谁向西？谁向东？
哪里的土地上
青山不老，
红旗不倒，
大树长青？
　　哪里的母亲
　　能给我
　　纯洁的血液、
　　坚强的四肢、
　　明亮的眼睛？

让我一千次选择：
是你，
还是你啊
——中国！
　　让我一万次寻找：
　　是你，
　　只有你啊
　　——革命！
生，一千回，
生在
中国母亲的
怀抱里，
　　活，一万年，

活在
伟大毛泽东的
事业中！

啊，一切
都已经
证明过了……
一切一切啊
还在
证明——
这里有
永远
不会退化的
红色种子；
这里有
永远
不会中断的
灿烂前程！
看步步脚印……
望关山重重……
有多少英雄啊
都在我们
行列中！
领我走，
教我行……
跟上一步啊，
一次新生！

……滚滚湘江水啊，
闪闪延河的灯……
使我怎能不
日日夜夜
梦魂牵绕？

　　……上甘岭头雪呀，
　　越秀山下松……
　　使我怎能不
　　千番万回
　　热血沸腾？……

望天安门上
那亲切的笑容——
我的眼里
常含热泪啊，

　　送新战士入伍，
　　听连营的号声——
　　我的心中
　　怎能又不
　　风起云涌？……

我迷恋
我们革命事业的
艰苦长途上——
一个征程
又一个征程！

　　我骄傲
　　我们阶级队伍的
　　生命群山中——

一个高峰
又一个高峰！……

啊！真正地
幸福啊！
何等地
光荣！……
在今天，
我用滚烫的双手
抚摸着
我们的
红旗——
又一次把
母亲的
衣襟
牵动……
让我高呼吧！
看啊，
在我们的大地上，
在党的
摇篮中——
此刻，
又站起来
一个多么高大的
我们的
弟兄！……

二

让我呼唤你啊，
呼唤你响亮的名字，
你——
雷锋！
　　我看着
　　你青春的面容，
　　好像我再生的心脏
　　在胸中跳动……
我写下这两个字：
“雷、锋”——
我是在写啊
我们阶级的
整个新一代的
姓名；
　　我写下这两个字：
　　“雷、锋”——
　　我是在写啊
　　我的履历表中
　　家庭栏里：
　　我的弟兄。
你的年纪，
二十二岁——
是我年轻的弟弟啊，
　　你的生命
　　如此光辉——

　　却是我无比高大的
　　长兄！
……我奔向你的面前！
带着
母亲给我的教训，
和我对你
手足的深情……
　　仿佛一刹那间
　　越过了
　　千山万岭……
啊！我像是
突然登上泰山，
　　站立在
　　日观峰顶……
我看见
海浪滔滔的
母亲怀中——
　　新一代的太阳
　　挥舞着云霞的红旗，
　　上升啊
　　上升！……

……惊蛰的春雷啊，
浩荡的春风！——
　　正在大地上鸣响；
　　正在天空中飞行！
一阵阵，
一声声——

“雷锋！……”
“雷锋！……”
“雷锋！……”
道路上的列车啊，
海港里的塔灯——
有多少个车轮
在传诵啊；
有多少条光线
在回应……
一阵阵，
一声声——
“雷锋！……”
“雷锋！……”
“雷锋！……”

那红领巾的春苗啊
面对你
顿时长高；
那白发的积雪啊
在默想中
顷刻消融……
今夜有
灯前送别；
明日有
路途相逢……
“雷锋……”
——两个字
说尽了

亲人们的
千般叮咛；
　　“雷锋……”
　　——一句话，
　　手握手，
　　陌生人
　　红心相通！……

三

你——雷锋！
我亲爱的
同志啊，
我亲爱的
弟兄……
　　你的名字
　　竟这样地
　　神奇，
　　胜过那神话中的
　　无数英雄……
你，
我们党的
一个普通党员，
　　你，
　　我们解放军中
　　一个普通士兵。
你的名字
怎么会

飞遍了
祖国的千山万水，
　　激荡起
　　亿万人心——
　　那海洋深处的
　　浪花层层？……

……从湘江畔，
昨日，
那沉沉的黑夜……
……到长城外，
今天，
这欢笑的黎明——
　　雷锋啊，
　　你是怎样
　　度过
　　你短暂的一生？
从日记本第一页上
黄继光的画像……
到领袖题词：
“向雷锋同志学习
——毛泽东”……
　　啊，雷锋！
　　你是怎样地
　　怎样地
　　长成?！……

啊！我看着你，

我想着你……
我心灵的门窗
向四方洞开……
　　……我想着你，
　　我看着你……
　　我胸中的层楼啊
　　有八面来风！——

……看昆仑山下：
红旗飘飘，
大江东去……
　　望几重天外：
　　云雾弥漫，
　　风雨纵横……
十万言——
一道
冲云破雾的
飞天长虹！……
　　两个字——
　　中国的
　　一代新人的
　　光辉姓名！……
啊，念着你啊
——雷锋！
　　啊，想着你呵
　　——革命！
一九六三年的
春天

使我们
如此地
激动！——
历史在回答：
人，
应该
怎样生？
路
应该
怎样行？……

四

……仿佛已经
十分遥远
十分遥远了，
——那已过去了的
过去了的
许多情景……
那些没有光亮的
晚上……
那些没有笑意的
面容……
那些没有明月的
中秋……
那些没有人影的
茅棚……
在哪里啊，

爸爸要饭的
饭碗？……
　　在哪里啊，
　　妈妈上吊的
　　麻绳？……
在哪里啊，
云周西村的
铡刀？……
　　在哪里啊，
　　渣滓洞的
　　深坑？……
眼前是：
繁花似海，
高楼如山，
绿荫如屏……
　　耳边是：
　　歌声阵阵，
　　书声琅琅，
　　笑语声声……
睁开回头的望眼——
啊……
春风打从何处起？
朝阳打从何处升？……
　　消退了昨日的梦境——
　　啊……
　　镣铐曾在何处响？
　　鲜血曾在何处凝？……
长征路上

那血染的草鞋
已经化进
苍松的年轮……
　　淮海战场
　　那冲锋的呼号
　　已经飞入
　　工地的夯声……
老战士激动地回忆啊，
“我们在听、在听……
但那到底
已是过去的事情……”
　　——少年人眼前的
　　大路小路啊，
　　仿佛本来
　　就是这样
　　又宽、又平……

呵，要不要再问园丁：
我们的花园里
会不会还有
杂草再生？
　　梅花的枝条上，
　　会不会有人
　　暗中嫁接
　　有毒的葛藤？……
我们的大厦
盖起了多少层？
是不是就此

大功告成？

　　啊，面前的道路、

　　头上的天空，

　　会不会还有

　　乌云翻腾？……

……滚滚沸腾的生活啊，

闪闪发亮的路灯……

面对今天：

血管中的脉搏

该怎样跳动？

　　什么是

　　真正的

　　幸福啊？

　　什么是

　　青春的

　　生命？

……望夜空，

有倒转斗柄的

北斗……

看西天

有纷纷坠落的

流星……

　　什么是

　　有始有终的

　　英雄的晚年啊？

　　什么是

　　无愧无悔的

　　新人的一生？……

唔！有人在告诉我们：
——过去了的一切
不必再提起了吧！
　　只要闭上眼睛呀，
　　就能看见：
　　现在已经
　　天下太平……
什么“人民”呀，
什么“革命”，
　　——这些声音，
　　莫要打搅，
　　他酒兴正酣，
　　睡意正浓……
——今天的生活
已经不同了呀，
需要另外
开辟途径……
　　——最香的
　　是自己的酒杯，
　　最美的
　　是个人的梦境……

但是，且住！
可敬的先生……
　　收起你们的
　　这套催眠术吧！
　　革命——
　　永远

不会躺倒！
历史的列车——
不会倒行！
请看！
在我们的红旗下：
又是谁？
站起来
大声发言——
忘记过去吗？
不能！
不能！
不能！
因为我是
永远不会忘本的
“饥寒交迫的奴隶”——
中国的
革命的
士兵！
叫我们
那样活着吗？
不行！
不行！
不行！
因为我是
站在
不倒的红旗下，
前进在
从井冈山出发的

行列中！
问我的名字吗？
我的名字……
啊，我们的
名字：
雷——锋！……

啊，雷锋
就是这样地
代表我们
出现了！……
——像朝阳初升
一样地合理，
像婴儿落地
一样地合情！……
雷锋，
对于我们
是这样珍贵，
雷锋兄弟啊，
为我们赢得
亲爱的母亲
欣慰的笑容……
让我们说：
“我爱雷锋……”
这就是说：
“我爱
真正的人生！”
让我们说：

“我爱雷锋……”
这就是说：
“我要
永远革命！”

来啊！让我们
紧紧地挽住
雷锋的
这三条刀伤的手臂吧！
让我们
把雷锋日记的
字字句句
在心中念诵……
我们要把
壮丽人生的道路
展出万里！
我们要把
革命的火焰
“烧得通红……”

啊，雷锋！
我紧挽着
紧挽着
你的手臂啊，
我把它
紧贴在
我的前胸……
让我说：

我们是
一母所生——
　　我们血液的源头，
　　在“四·一二”的
　　血海里；
　　在皖南事变的
　　伤痕中……
　　早已
　　几度相逢……
党的双手，
早就在
早就在
把我们的
生命
铸造，
　　党叫我们
　　按照历史的行程，
　　待命出征——
雷锋！
你这一代
新的战斗队啊，
　　要出现在
　　新中国——
　　“早晨八九点钟……”

五

就是这样，

雷锋，
你出发了……
　　——在黎明前的
　　一阵黑暗中……
你带着
满身
燃烧的血泪，
　　好像在梦中一样，
　　扑向
　　党啊——
　　温暖的
　　温暖的
　　母亲怀中……
……就是这样，
雷锋，
你站起来！
　　接受
　　“共产主义新战士”
　　——党给你的
　　命名。
……就是这样，
雷锋，
你走来了……
你不是
只为洗雪
一家的仇恨；
　　不是为了
　　“治好伤疤

忘了痛”……
你来了啊，
不是为
学少爷们那样——
从此
醉卧高楼，
做花天酒地的
荒唐梦；
你来了啊，
更不是为
向仇人们鞠躬致敬——
说是为大家的“安宁”，
必须
践踏爹妈的尸骨，
把难友们的鲜血
倒进
老爷的怀中……

雷锋！
你满腔的愤怒啊，
你刻骨的疼痛……
你对党感激的
含泪带笑的目光……
你对新生活
如饥如渴的憧憬……
全部投入
我们阶级的
步伐——

化成了
战斗的
轰天雷鸣！
啊，雷锋！
你第一次学会的
这三个字，
你一生中
永远念着的
这个姓名——
啊，亲爱的
再生雷锋的
母亲——
我们的
党啊，
我们的领袖
毛泽东！
母亲懂得你
懂得你啊
——雷锋，
你也懂得他
懂得他啊
——伟大的
毛泽东！
你青春的生命
在毛泽东思想的
冲天红光中，
升华……
升华……

你前进的脚步
在《毛泽东选集》的
光辉篇章
那真理的
阶梯上，
攀登……
攀登……

雷锋，
我看见
在你的驾驶室里，
那一尘不染的
车镜……
我看见
在你车窗前
那直上云天的
高峰……
啊，你阶级战士的
姿态，
是何等的
勇敢，坚定！
你共产党员的
红心啊，
是何等的
纯净、透明！……

雷锋，
你是多么欢乐啊！

在我们灿烂的阳光里，
怎么能不
到处飞起
你朗朗的笑声？

　　你稚气的脸上，
　　哪能找到
　　一星半点
　　忧愁的阴影？……

但是，雷锋，
在心灵的深处，
你有多么强烈的
爱啊，

　　又有多么深刻的
　　憎！

爱和恨，
不可分割，
像阴电、阳电一样
相反相成——

　　在你生命的线路上，
　　闪出
　　永不熄灭的火花，
　　发出
　　亿万千卡热能！……

……从家乡望城
彭乡长
那慈爱的面孔，

　　到团山湖农场

　　庄稼梢头
　　那飘动的微风……
……从鞍钢工地
推土机的
卷动的履带，
　　到烈属张大娘
　　搂抱着你的
　　热泪打湿的
　　袖筒……
啊，祖国亲人的
每一下脉搏，
阶级体肤的
每一个毛孔——
　　都寄托了
　　你火一样的热爱，
　　都倾注了
　　你海一样的深情……

啊，从黄继光
胸口对面
那射向我们的
罪恶炮筒，
　　到地主谭四滚子
　　从地下发出的
　　切齿之声……
……从营房门口
那假装
磨剪子的

坏蛋，
　　到躲在角落里
　　缝补旧梦的
　　某些先生……
啊，祖国道路上的
每一个暗影，
你哨位上的
每一面的响动——
　　都使你燃起
　　阶级仇恨的
　　不灭的火种；
　　都紧盯着
　　你阶级战士
　　警觉的眼睛！……

雷锋啊，
你虽然不是
　　在炮火连天的战场上
　　战斗冲锋，
在平凡的
工作岗位上，
你却是真正的
勇上啊——
　　你永远在
　　高举红旗，
　　向前进攻！
在我们革命的
万能机床上，

雷锋——
　　你是一个
　　平凡的，但却
　　伟大的——
　　永不生锈的
　　螺丝钉！

哪里需要？
看雷锋的
飞快的
脚步！
　　哪里缺少？
　　看雷锋的
　　忙碌的
　　身影！……

……啊，马上去
给大娘浇地——
　　现在
　　麦苗正要返青……
……啊，立刻把
自己省下的存款
寄给公社——
　　支援
　　受灾的农民弟兄……
……唔，快准备
给孩子们
讲革命故事——

明天是
队日活动……
……唔，必须把
赶路的大嫂
护送到家——
现在是
夜深，雨大，
路远，泥泞……

啊，雷锋！
你白天的
每一个思念，
你夜晚的
每一个梦境，
都是：
人民……
人民……
人民……
你的每一声脚步，
你的每一次呼吸，
都是：
革命……
革命……
革命……

雷锋，你是
真正的
真正的

幸福啊！
　　你是何等的
　　何等的
　　聪明！
你用我们旗帜一样
鲜红的颜色，
写下了
你短暂的
却是不朽的
历史，
　　你在阶级的伟大事业里，
　　在为人民服务的无限之中，
　　找到了啊——
　　最壮丽的
　　人生！
你的生命
是多么
富有啊！
　　在我们党的怀抱里，
　　你已成长得
　　力大无穷！
……可老战友们
总还习惯叫你
“小雷”啊——
　　你只有
　　一百五十四厘米
　　身高，
　　二十二岁的

年龄……
但是，在你军衣的
五个纽扣后面
却有：
七大洲的风雨、
亿万人的斗争
——在胸中包容！……
你全身的血液，
你每一根神经，
都沸腾着
对祖国的热爱，
而你同时
在每一天，
每一分钟，
念念不忘：
世界上还有
千千万万
受难的弟兄！……
“上刀山！
下火海！……”
——雷锋啊，
在准备着！
风吹来！
雨打来！
——雷锋啊，
道路分明！……

啊！这就是

这就是
一个叫做
“雷锋”的
中国革命战士的
英雄姿态！
　　这就是
　　我们的大地
　　我们的母亲
　　以雷锋的名义
　　给历史的
　　回应——
人啊，
应该
这样生！
　　路啊，
　　应该
　　这样行！……

六

啊！现在……
雷锋——
请你一千次、一万次
走遍
祖国的大地吧！
　　请你一千声、一万声
　　把你战斗的
　　呼号，

传遍那

万里风云的天空！……

在这

无产者大军

重新集结的

时刻，

在这

新的斗争信号

升起的

黎明……

在我们祖国的

每一个

战场上，

在迎接我们的

每一个

斗争中——

雷锋啊，

在前进！……

带着

我们的骄傲，

带着

我们的光荣……

雷锋

你在我们

军中，

雷锋

你在我们

心中！

雷锋啊，
活着！
　　雷锋啊，
　　永生！……

啊！响起来，
响起来，
响起来吧！
　　——我们阶级大军的
　　震天号声！
敲起来，
敲起来，
敲起来啊！
　　——我们革命人生的路上
　　这嘹亮的晨钟！……
看，站起来
你一个雷锋，
　　我们跟上去：
　　十个雷锋，
　　百个雷锋，
　　千个雷锋！……
升起来
你一座高峰，
　　我们跟上去：
　　十座高峰，
　　百座高峰！——
　　千条山脉啊，
　　万道长城！……

让我们的
敌人
惊叫起来吧，
　　——关于中国的
　　这最近的情报，
　　他们会说：
　　“不懂，不懂……
这是什么样的
‘装置’啊，
　　　竟然发出
　　　如此巨大能量的
　　　热核反应？……”

啊，让我们的
朋友们
感到高兴吧！
　　　让他们
　　　骄傲地说：
“这是
毛泽东的战士！
　　红色中国的
　　士兵！
这是
真正的人啊，
　　是中国的
　　也是我们的
　　弟兄！……”

啊，让歌手们
歌唱吧，
　　登上我们
　　新的长城：
“……北来的大雁啊，
你们不必
对空哀鸣，
　　说那边
　　寒霜突降，
　　草木凋零……
且看这里：
遍地青松，
个个雷锋！——
　　……快摆开
　　你们新的雁阵啊，
把这大写的
‘人’字——
　　　写向那
　　　万里长空！……”
啊，让诗人们
歌唱吧
　　站在这
　　望海楼上
　　新的一层：
“……那暴风雨中的
海燕啊，
我们
想念你！……

你快
拨开云雾啊，
展翅飞腾！
看天空：
闪电
怎能遮掩？
看大地：
怎能不
烈火熊熊?!
让我们回答
你的歌声——
我们昨日
鹏程万里；
今日又来
英雄雷锋！……”

啊！雷锋，雷锋，雷锋啊……
此刻
我念着你，
我唱着你啊……
——我有
多少愤怒、
多少骄傲、
多少力量啊，
在胸中翻腾！
我不能
远远地
望着你的背影

把你赞颂，
　　——我必须
　　赶上前来！
和你
一起啊
　　奔向这
　　伟大的斗争！

啊，雷锋，
我的弟兄！
不要说
我比你多有
几年军龄啊——
　　虽然它使我
　　终生难忘，
　　一提起呀
　　就热血奔流
　　热泪常涌……
在你的面前——
我的
好班长啊，
　　让我说：
　　我还是
　　一个新兵……

啊，雷锋，
带我去，
带我去吧！

——让我跟上你，
跑步入列！
听候每一次的
队前点名……
让我像你
一样响亮地
回答：“到！”
——永远站在啊
我们阶级的
行列中！……

啊，带我去，
带我去吧！
雷锋！
——在今天，
这风吼雷鸣的时辰，
让我跟你一样
把我们的《毛选》
紧握在手中……
请你辅导我
千百次的
学习！
——让伟大的真理啊
照耀我
永远新生！……

啊，雷锋！
带我到

哨位上去！

　　——告诉我

　　怎样更快地

　　发现敌情……

啊，雷锋，

带我到

驾驶室里去！

　　——教我

　　把方向盘

　　更好地把定……

……告诉我，

告诉我啊——

　　怎样做好

　　永不生锈的

　　螺丝钉！……

……教我唱，

教我唱吧——

　　真正唱会啊：

　　“《我是一个兵》！……”

在阶级的事业里：

“我是一个兵！”

　　在祖国的土地上：

　　“我是一个兵！”

在今天、明天

所有的

斗争里：

　　“我是——

　　——一个兵！……”

啊，雷锋……
我不是
一个人啊，
　　我是在唱
　　我们亿万人民
　　内心的激动！
看啊，
奔你来！
学你来！
　　——我们的大地上
　　正脚步匆匆！……
十个、
百个、
千万个……
　　雷锋……
　　雷锋……
　　雷锋……
啊，雷锋
就是我们！
　　我们
　　就是雷锋！……
让我们的敌人
千次、万次地
吃惊吧！……
　　让我们的朋友，
　　永远、永远地
　　高兴！……

让地球的
脑海啊，
去思索……
　　让历史的
　　航线啊
　　更加
　　分明……

啊，现在……
你们——
巴黎公社的
前辈英雄啊，
你们请听：
　　你们不朽的事业
　　我们要
　　永远担承！
我们在
井冈山前，
向你们
保证：
　　——我们要
　　子子孙孙
　　永不变啊，
　　辈辈新人
　　是雷锋！……

啊，还有你们——
我国古代的

哲人们，
你们之中
是谁呀？
　　——“见歧路，
　　泣之而返。”
　　——竟会痛哭失声……
俱往矣！
俱往矣！……
　　今天啊，
　　是何等的不同！
看天安门上——
东方红，
太阳升……
　　——我们有
　　伟大的
　　领袖啊，
　　我们有
　　伟大的
　　群众！……

啊！
看我们
大步前进吧！
　　看我们
　　日夜兼程！……
怕什么
狂风巨浪?!……
　　怕什么

困难重重！……
哪怕它啊
北风欺我
把我黄河
一夜冰封？
——我们有
革命壮志：
浩浩长江
万年奔腾！……
哪怕它啊
山崩海啸，
天塌地倾？
——我们有
擎天柱：
我们的党！
我们有
毛泽东思想
炼成的
补天石：
百万——雷锋！……

啊啊！……
响起来——
响起来——
响起来吧——
我们无产者大军的
震天的号声！……
敲起来——

敲起来——
敲起来吧——
　　我们革命人生的路上
　　这嘹亮的晨钟！……
伟大的斗争，
在召唤啊——
　　全世界的弟兄，
　　一起出征！……
前进啊——
　　我们的
　　红旗！……
前进啊——
　　我们的
　　革命！……
前进！——
前进啊！
　　——我们的弟兄！！
　　——我们的雷锋！！！……
让我们
向历史
宣告吧——
在我们
这伟大战斗的
决心书上，
　　已写下了
　　我们
　　伟大的姓名：
我们——
雷锋；

雷锋——
保证：
敌人必败！
我们必胜！
我们必胜啊！
我——们——
必——胜——！！！

（1963年3月31日）

想一想生命的意义

◎臧克家

你光芒四射的事迹，
你二十二个年头的历史，
同一篇报道，
送到我们的眼底。
对着你的小照，
念着你诗一般的日记，
惊异、钦敬的情感，
和惋惜混杂在一起。
放下手里的报纸，
想一想生命的意义，
这是一个古老的问题，
你作出了价值极高的崭新解释。
你的心像一条大道，
通向着党坦荡笔直，
毛泽东思想像鲜红的血液，
流在你周身的血管里。
你如此平易——
平易得像脚下的土地，
你如此崇高——
崇高得像青峰插入云际，
你像一颗小星，

亮在茫茫的银河里。
凄风苦雨摧残了青春的嫩枝，
党的巨手把你从万丈深渊里拉起，
严酷的生活教科书教育了你，
使一个孤儿成为无产阶级的伟大战士。
你埋头工作，不求人知，
你日夜思索，不想到自己，
你浑身是力，永远用不尽，
你有一股英雄气：
为了社会主义事业，
赴汤蹈火也在所不辞！
在乌云遮空的时候，
看到你坚定的目光特别明亮，
当困难临头的当儿，
你负重的形象在眼前挺立，
为了个人的利害闹情绪的人，
一想起你，带着羞愧把自私的念头收起……
你在每一条战线上奔走号召，叫人奋起，
你站在每个人面前鼓舞着他的斗志，
现在，你虽然已经停止了呼吸，
死，对于你：只是一个雷锋化作了亿万条身子。

（《中国青年报》1963 年 2 月 23 日）

满江红
赞雷锋

◎郭沫若

昨天已成《一把劈断昆仑的宝剑》以赞颂雷锋同志，情趣未能自已，再摄其意成《满江红》一首。

劈断昆仑，
有宝剑，
锋芒淬砺。
平地起，
电光石火，
一声霹雳。
二十二年成永久，
九州万姓仰英烈。
牧猪童，
身世本平凡，
真奇迹。

理安在？
毛选集。
窍安在？
忠党业。

大海中，
一滴水珠洋溢。
公而忘私人本道，
粉身碎骨心皎洁。
日记抄，
字字出心头，
言行一。

（1963 年 2 月 21 日）

一把劈断昆仑的宝剑

◎郭沫若

毛主席《念奴娇·昆仑》一词中，有句云“安得倚天抽宝剑，把汝（昆仑）裁为三截”。我读了《雷锋日记摘抄》，感觉着雷锋同志就像这样一把宝剑。

雷锋，一把劈断昆仑的宝剑！
他虽然只活了二十二年，
他永远活在人们的心坎里，
他的声音永远在空中回旋。

“我实在是非常平凡，
我年幼时经常吃不饱饭。
我是一个牧猪的孤儿，
我经常和可爱的猪儿作伴。

“是党给了我新的生命，
使我成为了毛泽东时代的少年。
没有党便没有新中国，
没有党便没有我的今天。

“牧猪儿被培养成为共青团员，

牧猪儿被培养成为共产党员，
牧猪儿被培养成为先进模范，
这岂不是所谓的地异天变？

“但我实在是非常平凡，
我是一点也不敢傲慢。
我把我——这一粒小螺丝钉，
要经常打磨得和水晶一般。

“党是我生命的源泉，
党是我力量的源泉。
我经常把毛主席的话联系实践，
想吧，我敢！说吧，我敢！做吧，我敢！

“我不怕任何艰险和困难，
纸老虎一定把它戳穿。
我在党的怀抱中十分温暖，
我不怕从北极带来的超度的严寒。

“原子弹也是纸老虎，
我不怕什么氢弹和原子弹。
人的力量是决定一切的，
党能使人力填海移山。

“我们是住在北温带里面，
春夏秋冬四季平分着一年。
但我把毛主席的话联系实践，
我便能够把春夏秋冬集中在一天。

“我对同志如春天般和暖，
我对工作如夏日炎炎，
我对个人主义如秋风横扫败叶，
我对敌人如冬日般森严。

“我是大海中的一珠水，
我要无保留地为人民贡献。
党要我入地，我就入地；
党要我上天，我就上天。

“我自己实在是非常平凡，
有人说我是‘傻子’我也心甘情愿，
我是牧猪儿出身的人，
利国利民的事就应多干。”

雷锋的声音永远在空中回旋，
他虽然只活了二十二年，
但他永远活在人们的心坎里，
就像一把劈断昆仑的宝剑。

（1963年2月20日
《中国青年》1963年5—6期）

雷　锋

◎柯　岩

一

在我们这儿，最多的
是孩子的笑声。
在我们这儿，最亮的
是青年的眼睛。
在我们这儿，最深沉的
是战士的感情。
在我们这儿，最安详的
是老年人的心境。

听讲你的故事呵，雷锋，
孩子们停住了笑声，
热泪在脸颊上流淌，
好像露珠在花瓣上滚动。

提起你的名字呵，雷锋，
青年的眼睛更亮更明，
你红色生命的火把呵，
在他们心中燃起火焰熊熊。
在你的像前呵，雷锋，

战士都肃穆地立正，
他们默默地在心中宣誓：
要像你这样地战斗一生。

在你的像前呵，雷锋，
许多老年人失去了镇静：
“我希望再活二十二年，
像雷锋同志那样革命！”

从南方到北方，
越过黄河，跨过长江，
乘着歌声的翅膀，
驾着感情的波浪，
你的名字从一个地方
飞到另一个地方，
你的形象，从一个心房
潜入另一个心房。
雷锋呵，你是谁？
是谁，是谁……
为什么能把千万人的心灵占据?!
雷锋呵，你来自何方？
来自何方……
为什么能把亿万人的感情激荡?!

二

你是旧社会的一棵苦苗，
苦根苦叶苦水灌浇，

苦水浇苗苗不长呵，
雷锋，你是令人心疼的瘦小。

为了挣口饭把你们养大，
爸爸含愁带泪离开了家，
无边的黑夜走不到头呵，
带回来空空的两手，一身伤疤。
灯油熬尽灯火灭，
一撒手丢下你们三个苦娃娃。

从此你再没见过哥哥微笑，
十二岁的年龄呵，就那样衰老。
你忘不了他对阳光的希冀，
可太阳，从来只在他背后升起。
每天，你分担他一个童工的叹息，
直到老板吮吸尽他全身血液……

你用早熟的忧愁，
在妈妈面前抑制了哭泣；
你的惊慌含泪的眼睛呵，
又映照出奄奄一息的弟弟。
为了让弟弟不停止呼吸，
你和妈妈的眼泪一起滴进他的嘴里；
泪水止不住饥饿呵，
小弟弟又死在妈妈怀里……

你这石头底下的小草呵，雷锋，
养活你是多么的不容易。

妈妈拉着你的小手呵，
到处帮工呵，到处……求乞。
度过的每一天呵，
妈妈的汗水都流进地主的田里，
路上的每一步呵，
都让你看见穷人的怒火和血迹……

为什么，为什么呵，
穷人锅里如水洗？
为什么，为什么呵，
血汗换不来立足的地？
为什么，为什么呵，
财主家高楼连着高楼盖?!
为什么，为什么呵，
穷人家新坟挨着新坟起?!

小雷锋问妈妈，
妈妈不回答，
你承受着妈妈的眼泪，
好像小草吞咽着急雨。

妈妈用眼泪喂养着你呵，
小雷锋，你是她唯一的希望；
妈妈忍饥挨饿地活着呵，
小雷锋，你是她仅有的一点欢喜。

穷人的路越走越窄呵，
为了你她咬紧牙关走下去，

财主的心黑得没底呵，
逼得她走投无路舍下了你：
“老天保佑你自长成人吧，孩子！”
一根麻绳诉说了娘一生的委屈……

天空一眼望不尽呵，
装不下雷锋的恨；
河水滚滚向东流呵，
流不尽雷锋的仇……

青天呵青天，你这个睁眼瞎，
你看不见穷人怎样受欺压?!
大地呵大地，你是个哑巴，
你怎么不说一句话?!

天这样宽，地这样大，
怎么就容不下我的亲妈妈?!
我有心跟了妈妈去啊，
忘不了妈妈临终的那句话……

种子入地会发芽，
仇恨迎风就开花。
等着吧，你们等着吧，
等着雷锋我长大。
我要把老天你翻个个儿，
我要把大地你踩塌，
我要让哥哥弟弟张嘴笑，
我要叫你们赔我的亲爹妈！

三

你就是这样地走过来了，雷锋，
带着旧社会的创伤和血迹……
你惊讶地睁大了眼，
目不转睛地凝视：
呵！一杆？——？红旗！
天不再是那个天了，
地也不再是那个地，
只因为党的红旗飘呵，
生活就变得这样神奇……

你亲眼看见地主低了头，
你亲耳听见口号震天地，
好像梦里的爸爸走了出来，
乡长呵，紧紧地把你搂在怀里。
你头一回吃上了除夕的夜饭，
你头一次穿上了过年的新衣。

你住进医院，
护士的手像妈妈一样温柔；
你掉到河里，
县委书记跳下去把你救起。
他把你驮在他的背上呵，
一口气背回家里，
他用脸颊试你头上的热度，
他在床边守护你的每一次呼吸……

你第一次放声痛哭了，雷锋，
你找到了自己的父母兄弟；
而党也找到了自己的小儿子，
她用革命的乳汁哺育你：
她把红旗的一角披在你的肩上，
让烈士的鲜血在你的血管里沸腾。
她把团徽别在你的胸前，
让你的心和着共产主义的节拍跳动。
她又把你吸收进党的队伍呵，
让你和党一起把全人类的命运担承……

而你呵，雷锋，
你这棵旧社会的苦苗，
在党的阳光照耀的土地上，
你像小树一样高高地把头昂起，
党的语言春风一样吹拂着小树，
树叶就沙沙地诉说自己的感激；
党的真理雨露一样滋润着小树，
小树就深深地把根扎下去……

从你第一天进学校，
每次出入都向校门口的国旗敬礼。
从你第一次学会拿笔，
头一笔就写："毛主席"。
你一笔千斤重呵，
你两笔泪如雨，
三笔落下去呵，

一生一世举红旗！

你在日记的扉页上，
写下了方志敏、黄继光、向秀丽……
你就在毕生的行程中，
一步一步地踏着他们的足迹……

党的号召就是你的行动，
走到哪里就是哪里的一杆红旗。
农业合作化——你就把
火热的青春献给祖国的土地；
种下自己的忠诚，
收获人民的欢喜。

支援工业——你就把
赤诚的心投进鞍钢的炼钢炉里。
纯钢铸成永不生锈的螺丝钉呵，
紧固住社会主义大厦的根基。

你刚一站到八一军旗下，
就用整个生命把它高高举起。
你要让人们更爱解放军，
你要让荣誉的旗帜更加荣誉！
你用颤抖的双手，
捧起了《毛泽东选集》，
你就用滚烫的心，
紧贴着领袖的每一句言语。

你从每一个老人的欢颜里，
都看到母亲难得的微笑，
你从每一个孩子的歌声里，
都想起夭折的小弟弟在号啕。
都是自己的亲人呵，
你就用整个心灵去拥抱。

你从丰收的每一颗麦粒里，
都回忆起旧中国的贫瘠；
你从敌人的每一声咒骂里，
都感到新中国的威力。

你的眼睛看着六亿人民，
你的心里翻滚着世纪的风云。
你爱呵——
祖国的山山水水，每一株小草；
你恨呵——
世界上每一片阴影，每一个敌人。

你生命的每一天呵，
都是为了人民！人民！
你站在中国战士的岗位上，
不懈地为世界和平而斗争，斗争

四

现在让我们骄傲地回答：
雷锋，你是谁吧！

现在让我们高声地歌唱：
雷锋，你来自何方？

你，旧社会里那样顽强的一棵苦苗，
你，新社会里这样灿烂的一朵鲜花。
你曾是那样令人心疼的瘦小，
如今是这样使人震惊的高大。
你从湘江两岸赤脚走来，
把深深的脚印留满天下……

你就是这样的成长起来，
我们的好同志雷锋。
你带着永生的微笑，
永远活在我们心中。

你活在祖国灿烂的笑容里，
你活在日月星辰的记忆中；
你活在工人阶级的事业里，
你活在党对党员的要求中；
你活在母亲对儿子的希望里，
你活在老师对学生的教导中；
你活在青年前进的脚步里，
你活在少先队员的理想中……

呵你，铿锵震耳的一口晨钟，
敲醒了少数庸人的俗梦。
呵你，红光闪闪的一面明镜，
把千万青年美丽的容颜辉映。

呵你，光华四射的一颗明星，
高挂在祖国深远的长空，
你向全世界昭告：
中国的党养育了什么样的英雄。

你把千万人的心灵占据，
千万人从你看到了他们自己。
你把千万人的感情激荡，
千万人像你一样对党忠诚……

呵，让敌人害怕吧！
呵，让朋友们高兴！
在中国的大地上正活跃着，
活跃着
成长着
　　千千万万个
　　　　　　雷锋！

（《人民日报》1963年4月3日）

春早湖山

——读雷锋日记

◎赵朴初

如锥笔，
一字一条血迹。
大海全身投一滴，
望尘惭莫及。

为善不辞心力，
为学只争朝夕。
多少英雄山岳立，
向雷锋学习。

（1965 年 6 月）

歌咏雷锋同志

◎董必武

有众读毛选
雷锋特认真
不惟明字句
而且得精神
阶级观清楚
勤劳念朴纯
螺丝钉不锈
历史色长新
只做平凡事
皆成巨丽珍
普通一战士
生活为人民

（1963年2月）

有一种精神

——致雷锋

◎邓醒群

有一种精神，有一种力量
不因时间而改变，岁月风云而淹没
愈来愈厚重，主宰着人的灵魂

有一种精神，有一抹光辉
如春风，如细雨，如煦阳
寒冬给予温暖，酷暑予以清凉

有一种精神，有一根标杆
屹立世间而不腐
为行者导航，黑暗中点亮光明

有一种精神，有一样道德
国之基，民之根
无国界之别，肤色之分

有一种精神，有一面旗帜
飘扬着真情与奉献
良知飞舞，仇恨泯灭

有一种精神，有一股清泉

无声，润物
沙漠成绿洲，枯木发新枝

有一种精神，有一颗种子
沃土或瘠地，一样开花结果
香沁人，果累累

有一种精神，有一方大爱
绽放人性的光辉
十八双冷漠的眼光不再

有一种精神，有一种魅力
风姿绰绰，华光普照
让邪返正，恶从善

一个人的生命能走多远（组诗）

◎张笃德

一个人的生命能走多远

一个人的生命能走多远
名字嵌入汉白玉　花岗岩
音容笑貌铸成金色的雕像
传颂不息的故事绘成画卷印进书里
常青的松柏越来越深情地思恋
一个人的生命能走多远　从湖南简家塘
到抚顺雷锋纪念馆　两点一线的距离
被你走得生动　丰富　激情昂扬
22 岁的生命放射出无尽的能量
一己小我中走出了无限与蔚蓝
一个人的生命能走多远　黎明
太阳陪伴你启程　身心溢满阳光
傍晚　你披霞彩入眠　梦里穿越春夏秋冬
风霜雨雪都阻挡不了思想的跨越
信念和理想横亘时间和空间
一个人的生命能走多远
日记和照片告诉我　你正走在路上
人群里　大地上　把亲情和爱意尽情播洒
无私和奉献能走多远你就走多远

博爱和真诚能走多远你就走多远
一个人的生命能走多远
高耸的纪念碑刺破苍穹
黑色大理石——大地上最悲情的花瓣
衬托昂首阔步的你　与蓝天白云为伍
雷声响彻长空　锋芒光耀宇寰
一个人的生命能走多远
领袖们饱蘸情感的题词　墨迹还没有风干
你在人们的视线里一直延伸　永不模糊　中断
像呼啸的时代载着思念和期盼　不停地飞奔
你不朽的魂魄如旌旗　摇曳于大地　曼舞于云天
一个人的生命能走多远　22 年 50 年 100 年……
你走　我们跟随你走　风雨兼程
走过晨钟暮鼓　走向花期　走向艳阳
微笑能走多远你就能走多远
春天能走多远你就能走多远

有灵魂的石头

什么样的造化　让一块块石头
与众不同　从芸芸众生中
凸显出来　富有生命　生根
开花　会说话　有内涵
成为灵魂的代名词
我说的是纪念馆里的石头
有大　有小　大的直插云霄
小的落地生根　有黑　有白

有红　有青　白的一尘不染
黑的深情　红的似青春的面颊
青的与大地共生　有的
坚硬　像骨头　有的
柔软　肌肤般熨帖心灵
有的缜密　似思想的严谨
有的粗犷　似雷电的豪情
迎门而立的　严肃　庄重
与天齐高
广场上器宇轩昂的　亲切
栩栩如生
铺在脚下的　默默承载
和脚步一起前行
砌进砖墙里的　负重
做大厦的牢固支撑
身上刻满诗文的　是开花的
石头　当你在它身边走过
就会情不自禁地朗诵
深雕浅琢　色彩斑斓的
是多情善感的石头　恰似
一个人短暂而丰富的一生
这些叫做花岗岩　大理石
汉白玉的石头　我都叫它雷锋
当你走近它　用手轻轻抚摸
就会感到血液在流动
就会感到体温和澎湃的心动
什么样的造化　会让石头
如此生动　像一种精神和旗帜

高耸道德的丰碑

思想的铜

或站立　或镶进墙里
或浑然一体　或独立成章
姿态万千　都生动
都深刻　都凝重　像一个人的
思想　暗底里流着光
在暗无天日中被开采出来
铜　在阳光下看到了希望
赴汤蹈火去追寻新生
沸腾的熔炉里奔涌出火红的热血
还有一腔燃烧的炽情
铜　最日常　最普通
像钥匙挂在身上
像脸上温馨的笑容
具有金子一样真实的品性
可以做号角　昂扬斗志
集合力量　可以
做接点和导线　磨损奉献自己
把温暖和光明四面八方传送
可以做帽徽上的五角星
闪闪发光　像嘹亮的誓言
永不褪色并成为行动的指南
最有思想的铜　是在身体上
铸入了文字　字字有力
句句铿锵　敲敲四肢和筋骨

都能听到幸福在歌唱
铜　以磅礴气势铸就青山的魂魄
坚韧像信念的松柏一样常青
绵软似充沛的情感　山高水长
恒久　永不生锈
灿烂宛若大地上的太阳
松柏的思念
一棵　又一棵
都低着头
一排　又一排
眼里都含着泪光
在三月　在四月
最后一场雪之后　松柏的
枝头上都高举着白花
一枝比一枝的大
一枝比一枝的芬芳
一枝比一枝的沉重
一枝比一枝的更加洁白
与纪念碑相伴
与塑像对话
风吹过　乡音更加浓郁
雨淋过　抖一抖肩更加挺拔
五月　身边开满了黄的　红的
花儿　像心情　春意盎然
六月　孩子围坐在绿荫下
听生动感人的故事　七月
流火　八月军歌嘹亮
十月的阳光溢满喜悦的激情

这一切的一切　松柏
作为化身　站在墓前
站在园区的每一个角落
因欣慰而生机勃发
松柏　活着的纪念碑
与汉白玉　铸铜在一起
追忆生命　写意英魂
传颂永恒的道德之歌

（《光明日报》2012年3月5日）

致抚顺（二首）

◎王久辛

（1）

你们把尊崇的心掏出来
一颗一颗　垒铸起一座丰碑
幻化成一片花园　你们把人生
成功的标志　定位给人的品质
美德——所以拒绝总统
包括比总统更高级别的权利人物
拒绝金钱——包括比亿万富翁
更富有的显赫贵胄　你们
固执地认同平凡中蕴含的力量
普通人行为与言谈中闪烁的精神
你们甚至把目光放在外来的
贫苦的孩子身上　只要他们内心
充满了爱　充满了朴素的真诚
与善良　充满了对日常生活的酷爱
对渺小百姓的　全心全意的呵护
你们就把尊崇献给他
而且教育子子孙孙
都要像他那样对待人
对待生活　对待工作

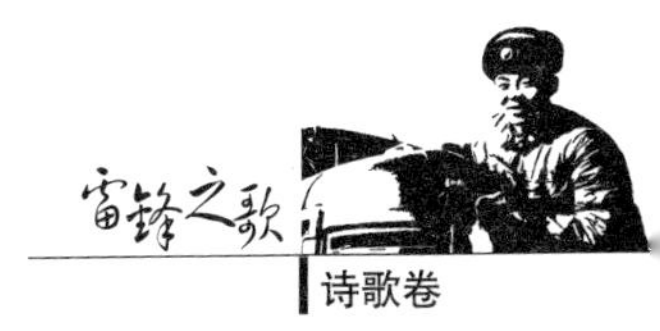

你们以最低的标准
实现最高的境界　你们坚信
每个人只要都像他　世界
就永远美好　是的
我来了　看了
感受了　我认识了他
——雷锋
当然更认识了抚顺
这个给亿万国人奉献了
一位春风满面的英雄的　城市

这个城市以美德来衡量人的价值
这个城市以品质来看待人的成功
这个城市提醒我们大美属于人的心灵
这个城市指引我们快乐与幸福
属于无声的奉献与奉献后的　安详与宁静……

（**2**）

你们开启运门进启运殿登启运山
然而却把尊崇献给平凡
难道平凡定可光启鸿图
肇兴帝业　开先裕后

玄机蕴于普通与平凡之中
东西南北辽阔无边
所有的生之智慧终至血肉之中
涌流奔腾　循环往复于

每一个具体的血肉之躯
你们不是满文的你们
当然更不是汉语的你们
你们属于一滴滴的血
属于一寸寸的筋　属于一厘厘的骨
你们尊崇平凡与普通
所以你们溶于大地　被大地的草木
汲取精华　所以你们溶于蓝天
蓝天沐浴　被太阳普照
被月亮轻拂　你们无声到宁静般的
生长　与万物同兴而生机勃勃
与江河同腾　而万古不朽
即使没有努尔哈赤　没有排山倒海的
铁骑万乘　亦同样一统天下
启运于不废的日月星辰
寒来暑往　启运于默默的生息
无视富贵与金顶　蔑视贪婪与自私
你们的心垒成了山　而山门
就高耸在心头　正殿就端坐着
公平和正义　由此
我理解了你们　知道你们为何
将雷锋尊为全城人的楷模

因为当所有人将平凡视为伟大
那么所有人就都是伟大的尧舜——
包括这座城的一草一木
这座城的　点点滴滴……

（2010 年 9 月 7 日）

中国，屹立着雷锋铜像（组诗）

◎邢海珍

你一路走来

共和国的天穹以及门楣之上
星辰和钻石的品质不断发言
所以你无须一句多余的话
生命只在诗的深度里做一次远望
看你雷锋的名字　一路走来

低矮而辽阔的大地上有山峰隆起
你目光的闪电
瞬间便穿越了暮色　痛苦和忧伤
在未来的晨曦中
把浑浊的泪水提纯为旱季的甘霖

精神的年轮不断地扩展着
为漫长的生长期收藏悲悯和良知
于是我们灵魂的雨季绿叶葱茏
你的高枝上已开出了无数朵鲜花
布置在大时代必经的街口
看你的名字　一路走来

与雷锋有关的话题

踏上去抚顺的路
与诗有关
这个城市聚集了许多诗人
吟咏中国的三月
书写人生世界最美好的春天
我知道这个城市此时此刻的激情
与一个人有关　与一个叫雷锋的名字有关

我说雷锋也是诗人
你的诗是日记体的
是日出日落　与春秋四季有关
你人格的前襟
那一朵耀眼的鲜花开遍大江南北
引领晴空下孩子们的欢笑
化解雨中老人迷路的茫然
是你握紧方向盘的手
在汇款单上填写着真情和温暖
五十年洪流激荡天变地变
而始终未改的
是你作为人民儿子的容颜
你雷锋的名字　与精神和道义的重量有关

一根木杆上演了残酷的一幕
九州云水顿然失色
有无数森林扼腕　泪洒蓝天

二十二岁　中断了人生路
还是个孩子　或者刚刚成年
你的肉体与抚顺大地融为一体
你的名字在中国
流成千年碧水　站成万仞青山
你的眼神　你的微笑
穿越茫茫的红尘和岁月
化入大地之上永恒的诗篇
二十二年的长度
青春血性　一颗向美向善的心
跳动在诗歌的字里行间
水光山色　春风拂面
那年三月一位伟人的草书题词行世
我童年的记忆
注满了鲜花开放的内涵

在春风浩荡的三月
有了一个国度的动员
江河大地的灵性汇聚
阳光雨露的良知结缘
温情的光焰从这个春天升起
勤勉的步履从这条道路出发
此后的许多日子　都与一个好人的名字有关

今天的抚顺大地
铺展着共和国明媚的春天
众多的诗人来了　你的名字
已是无数后来者灵魂的家园

这个城市　在三月的春风里升华诗意
浑河水潺潺流去　流得很远很远
我的笔　写下你的名字
我的诗　与一个顶天立地的英雄有关
与一方温暖厚重的沃土有关

雷锋叔叔

山水茫茫　一条人生路
多少年的忽略　多少年的遗忘
终于泥泞不是泥泞　坎坷不是坎坷
此刻的东北大地深情而辽远
追着一个名字　我们许多人来了
问一句　当年的雷锋叔叔你好吗

叫你一声雷锋叔叔　我回到了童年
历史在抚顺的街头从容而慈祥
一个平常的人　一些普通的日子
你以叔叔的名义　把后来的世界
打造成我们精神的天堂

仰望你　你是永远年轻的先辈
二十二岁的秋天一下子定格
星月朗照　是你名字的辉煌
解放牌的车轮继续前行　地久天长
向着未来　我们的雷锋叔叔
在共和国生机无限的春天里
转动着温暖人心的太阳

铜像

浑河的水
在岁月的怀抱里尽情舒展
五十年　阳光聚集天地的精神
铸一座丰碑　铸一个金属的名字
雷锋

五十年的路是多么漫长啊
从当年的抚顺出发
一直到我现在的桌前
春秋代谢　沧桑巨变
我老了　而你却永远年轻
你活在铜质的现实中
发出一种永恒的声音

（《光明日报》2012 年 3 月 5 日）

雷锋叔叔以及“最美妈妈”

◎黄亚洲

这是雷锋叔叔 1962 年的手臂吗
在西子湖畔，紧急地伸向空中
使一枚风中的落叶，又回到
生命的常青树上

那一刻，包扎那只断成三截的左臂的
是中国的连绵不绝的电波，和
连绵不绝的通栏标题
许多妈妈哭了，为属于自己的
这个伟大的称呼骄傲，许多
孩子哭了，为自己的妈妈和陌生的妈妈

许多中国人，在心灵深处，哭了
爱，在这个国家，没有骨折

记忆中，有无数这样的时刻
有人冲向火车，有人
冲向惊马，有人冲向开裂的冰河
他们伸出的，都是 1962 年的
雷锋的手臂
此刻，“申遗”成功不久的杭州西湖

又有人冲向坠落于十楼的陌生孩子
——“非物质文化遗产”的
又一粒晶莹的水珠，就这样，久久地
流淌在我们脸上

我一直听见，昏迷十天的小妞妞，怎样
喊出她的一声“妈妈”。懂事之后
她，会知道这个词汇的更厚重的含义
那一刻，夹住三十一岁的吴菊萍左臂的
是杉树皮做的小夹板
而那片静静的杉树林，一直
被来自抚顺的 1962 年的微风
吹拂着

从雷锋叔叔，到“最美妈妈”
一双春天的摇动的手臂，在我们周遭
不断分杈，成为
密密的树林
我们之所以称祖国妈妈，就由于
这片饱满的绿色！

（《光明日报》2012 年 3 月 5 日）

相约三月

◎程步涛

相约三月
是相约一个美丽的季节
北方冰融
南方水蓝
风
传递着清新和甜蜜
连摇曳的柳丝
都变成迷人的琴弦
三月来了
三月来了
三月里会有一位士兵
给我们讲述他在平凡中孕育的伟大
朗诵他镌刻在二十二年生命路程上的
壮丽诗篇
他留在方向盘上的体温
在验证我们的血
是不是依然鲜红炽热
他洒在工地上的汗水
在测试我们的精神和品质
是不是依然像金子
像钻石

纯净
圣洁
一尘不染
而那本日记
那本曾使一个民族为之感动的日记
什么时候翻开
都会有浓烈的情思扑面而来
让我们感受
什么是春天的温暖
相约三月啊
相约三月
是为了拥抱
一个风和日丽的春天
这是思想与哲学的聚首
这是岁月与生命的庆典
春天和一名士兵
是我们的旗
是最嘹亮的乐曲
永远
永远
在我们的耳边飘展
回旋

（《光明日报》2012年3月5日）

金色书写（二首）

◎大卫

雷锋：一条河流的名字

他穿越时间并成为时间的一部分
他走得太快了，仿佛他是那个时代的秒针
有时他跨在自身之上，一米五五的身长
足以构成这条河流最为坚固的一道桥梁
让钢成为不锈钢，让铁长出更多的光芒
作为一条不冻河，他有广阔的流域
从爱到爱，是浪花不断摇曳的模样
一条河从湖南望城流到辽宁抚顺
哪怕隐去波光粼粼的一面
他的锦绣他的波澜在阳光和月光下皆清晰可见
他是一条河的名字，以心跳作涛声
给土地以温柔而持久的力量
他以自己的名字命名河床
那双长长的手臂伸开时，刚好是开满鲜花的
　大堤
他爱这片土地，所以把土地紧紧地搂在怀里
在他灿烂的流域，浪花长出春风的样子
青草介绍更多的青草让牛羊认识

金色书写：把一个名字幸福地拆开

雨

当一棵禾苗需要滋润，他把自己
从云端降下来，天空与大地被一根根银线缝起
如果你口渴了它也会变成甘甜的一滴，
当目光变成沙漠，他就是最强大的一场雨
让太阳长出根须，让心长出心的样子……

田

他是丰收的田野，他让玉米长得像玉米
小麦长得像小麦，他让风顺着地势的起伏
　缓缓地吹过来
天蓝得像一匹锦缎，可以随时落下
他以自身的肥沃与辽阔让万物生长得各得其所，
他撒下种子，并让种子发芽，他松土施肥
田里的禾苗总是长势良好，稗草在他的田里
　不能长出来
他有最好的除草剂：爱！

金

他是金子中的金子，朝阳和他相比，也显得
　成色不足
小小的身子是那个时代的一根火柴
他的心是不熄的篝火，阳光照亮花朵时
花朵有了金色的震颤，铁找到温暖，月光

找到人间

文

写在日记里的文字，现在已飞成了鸽子
那些纸，每一页都可以变成天空
永不生锈的文字将是长夜里的星星
他的文字在三月形成春风，命名了桃花也
  命名了杏花
他让河流解冻又悄悄地隐身，仿佛他是浪花
  与浪花相碰时
呢喃般的水声，他是太阳照亮河流时，河流
  在大地上幸福的流动……

丰

他有丰沛的情感，爱别人甚于爱自己
他对万物怀有使命，五月的麦子因他而更加
  丰收
一个时代因他而绚烂、丰盛，如果他缺席，
  春天也会变得贫瘠
其实他更像一面旗帜，即使在许多年后的今天
风吹他的时候，他依然能够让风获得
  最大面积的舒展
而风，也吹出了他布纹里永不褪色的鲜艳
——作为旗帜，他有布的温暖，
  也有布的情感
这么多年，他一直替一匹布活在丰饶的人间！

（《光明日报》2012 年 3 月 5 日）

我总想起一个叫雷锋的人
（组诗）

◎鲁若迪基

雷锋

你只活了二十二岁
却让所有活过你的人
每长一岁
心里就隐隐惶愧

我常想起你

火塘边
老师讲过无数遍你的故事
你紧握钢枪的相片
挂在木楞房的教室里
我们不敢在相片上写什么
就在木头上写下对你的敬爱
多少年过去
讲故事的老师去世了
我们唱着学习你的歌长大
你俨然成了我们身上的一颗痣
无论工作生活学习

你无时无刻不在提醒我们
做一个高尚的人
在这个物质主义的时代
我的忧伤常常风一样袭来
却不能像河一样流走
是的，我常想起你
想到你心里永远只装着别人
太阳一样从来不会照耀自己
你总是把碰到的每件事
当作自己的事
总是把每个遇见的人
当作自己的亲人
我常常想起你，想起你
我感到雪里也潜藏着火
雨里也蕴含着甜蜜
那些生长起来的
都只会开爱的花
结爱的果
弥漫世界的
只有爱的芬芳

天问

为什么那么多人
会扶不起一个跌倒的老人？
为什么道路越来越宽
我们却找不到回家的路？
为什么我们人在某个站台

却听到灵魂在山背后哭泣?
为什么我们面对一张雷锋的遗像
会抬不起自己的头?

(《光明日报》2012 年 3 月 5 日)

我要再次大声喊出你的名字
（外二章）

◎李　皓

我说出你的名字，通常在三月。现在并非三月，我要再次大声喊出你的名字。

谁拥有了如你一样灿烂的笑容，谁就具有了旷世之美！

这些年，三月常常如一丝鹅黄的柳枝一样容易被人们遗忘，那些老人和抱小孩子的妇女一定像我一样，坐在角落里怅然若失；他们偶尔露出的笑容稍纵即逝，一段网络文字见死不救的新闻，顷刻间夺走了我的信仰……

火车都在提速，好人都被电脑隔离在显示器的后边，丑陋的不再虚拟，好人在讹诈的人群中得到恶报。出差千里的你怎么还在路上？微博、邮件早已先于你抵达四面八方，那一火车的好事是否还传扬在故乡他乡。

故乡——他乡，望城——望花。聚集了雷电锋芒的骨骼和钢铁的解放汽车，谁更坚硬？身体碎裂的声音还在抚顺的上空回响。穿越东三省的旷野，穿越教科书，穿越典籍，却始终无法穿越我在马路边捡到的金属的一分钱……

我要再次大声喊出你的名字，温暖的春天绿得蚀人，一如那些穿着军装的同志喊战友喊班长，你都在夏天里火热地工作；我写诗的时刻，秋风正在无情地扫着落叶，而猥琐的我，对敌人却始终无法亮出寒气逼人的骨头。

是什么在涂改或正在被什么涂改：春天，信仰，面相，文字，还是那条绵延的浑河？我的前半生多么潦草，你用20年积蓄的眼神帮我打开了热爱之门，而我只能低头，尽管低头的时候我一直在仇恨自己……

我坚信，你的名字还会让虚荣者生出感动和敬畏，你的日记于我而言，是草药，是良方。喊出你的名字就是将无数发霉的内心打开，而那些轻度昏迷的灵魂正经历一次大考，在铿锵之吼之后，不提云烟，只口吐莲花……

班长

曾记得，一位外国将军临终时说，他一生最大的遗憾是没有当过班长。

你比那位将军幸运！你是班长，穿一身打着补丁的旧军装，在一幅画里，很生动地，笑着。

那时的你，正手执抹布，擦拭着那辆老式的解放牌汽车。那汽车，墨绿的油漆折射出太阳的光芒，耀眼而又好看。

你的笑，总是很开心的模样，透出无际的真诚。

你的笑，总是很自然的流露，让人打心眼里爱戴。

我知道你的快乐，我知道你的苦难，却不知道，你何时再次出差？

其实，不用我寻找，到处都有你的影子，无处不在，无时不在。

一个人的时候，我无数次在心里这样唤你——

班长！班长！

抚顺：好人的故乡

秋风沉醉的晚上，我在浪漫大连的不夜海港，向着抚顺的方向翘首张望，并投去景仰的目光。

这是个雷锋曾经生活过的地方，雷锋经典的微笑。一直刻在抚顺人的脸上，抚顺是好人的故乡！

这是个煤炭储量丰富的地方，浑河静静流，在露天矿之旁、在井工矿之上。流水就穿上了锃亮的衣裳，抚顺是矿产的故乡！

这是个出产琥珀的地方，诗人雷锋让抚顺挺起了精神的脊梁；这个城市开采诗情的当宝藏，抚顺是诗人的故乡！

礼遇好人就是礼遇大地的血脉，善待诗人就是善待内心的高贵。当漂泊的好人与诗

人一齐落叶归根，那煤城便拥有了浑河水般永不枯竭的善良。

啊抚顺，从此不需要你特地的邀请，那些诚挚的心早已抵达吉祥的城乡。太多时雷锋纪念馆就是一个坐标，我们无法不来此寻求参照，以便决定心灵的走向……

（《光明日报》2012年3月5日）

雷锋，永远的春风

◎肖爱民

当闷响的春雷
惊醒料峭的大地
总有一种温暖
萦绕在我们周遭
在湿漉漉的空气中
给人蓬勃与激昂
给人坚韧与力量

雷锋，永远的春风
从公元一九六三
刮到今天
短暂的生命虽然有限
榜样的春风
却持久不衰
五十年依旧清新拂面

春风中，走来了
平凡的好人郭明义
普通的售票员李素丽
走来了为了183个贫困孩子
带病义演的丛飞

走来了任劳任怨的徐虎
还有心中有团火的张秉贵……

雷锋，永远的春风
带着他的微笑和体温
一年年润物无声
雷锋，人民的儿子
祖国的骄傲
一座高耸的丰碑
暖阳下熠熠生辉

（2012 年 3 月 10 日）

灿烂的星辰

◎柯　原

我们很多人，
和雷锋都没见过面，
只是从报纸和照片上，
看见他金光闪闪。
他的每一篇日记，
都火辣辣地写进了我们的心坎；
他，握着方向盘，
红心一颗，笑容满面，
走遍了万水千山。

他和我们同样佩着
几颗士兵的银星；
他和我们同样有着
一双为风雨擦亮的大眼。
在森林般的士兵行列里，
很难得把他发现。
只是，他那几颗星星，
最明亮，最炽热；
他那一双大眼，
望得最准、最远……
他望见了什么？

听他在忆苦会上控诉，
泪珠和怒火一齐迸溅。
“昨天”，两个黑沉沉的字
阴影般罩在他眼前！
啊！那是豺狼的爪，毒蛇的牙，
匪兵的刺刀，地主的皮鞭，
解放了，一声霹雳，
他像雨后春笋冲出地面。
迎着太阳、吮着雨露，
拼命地长呵长呵，
永远摆脱了噩梦的纠缠。
当风从洞庭湖畔吹来，
稻熟鱼肥，空气蜜样的甜。
当他倾听着推土机强烈地抖动，
当用清亮的油把新枪涂抹打扮，
他觉得自己突然长高了，
比高山更有力量，更威严！
双手紧握幸福，
他更牢牢记住昨日的苦难。
白天，他练投弹，
筋疼骨酸，练到弯月爬上山，
只为了对旧世界，
掷出一团毁灭的火焰。
晚上，回到营房，
他把子弹擦了一遍又一遍，
心里计算还有多少豺狼，
要把他们铲出人类的花园。

当迎着初升的太阳，
捧读《毛泽东选集》；
或者在党的会议上，
高声唱“团结起来到明天”……
“明天”两个字，
又多么使人迷恋！
那是火红的旗帜，火红的钢，
长虹跨海，绿洲在沙漠涌现……
一切剥削者死净灭绝，
人类驶向无际的空间。
“明天”使他心潮翻涌，
掀起无尽的壮阔波澜。
为了给“明天”铺筑道路，
他甘当一草一木，一石一砖。
当他把存款投到邮局，
他恨不能送上一颗心，
作为一张风帆，
送乡亲航过万顷海面。
当他系上红领巾来到小学，
坐在红花绿叶中间，
他把一腔心血化作雨露，
来浇灌祖国的春天。
他站在时代的高峰。
望呵望呵，动荡的风云，
全部在他瞳仁中映现。
当世界上还有三分之二的人民，
在旧社会的重压下受苦受难，
战士啊，哪能谈论解甲归田！

他恨不能化作一包包炸药，
把世界上所有的铁牢炸烂！
他恨不能变作一只大鹏鸟，
飞过贤良江，飞到吉隆滩……
飞到一切解放的前线。

看啊，在他士兵的星章上，
正闪烁着宝石的光芒。
他在每一件平凡的工作上，
都注入了伟大的理想；
他把生活中迈出的每一步，
都对准了共产主义的方向。
伟大与平凡，现实与理想，
就这样，凝聚在一个焦点上。
多少次了，他在我们中间走过，
一起跋山涉水，一起浴雨披霜。
也许我们会看见他，
在列车上端水扫地，
下车时抱着小孩、扶着大娘；
也许我们会遇到他，
在工地推着小车飞奔，
抢险堵堤，踏平凶波恶浪。
他永远像早晨那样清新，
欢欢喜喜而又匆匆忙忙，
经过他身边的岁月虽短，
那每分每秒啊，都带着他的体温，
永远在发热、放光！

啊，伟大的星辰，
集中了所有的光芒，
又反射出更强烈的光芒。
他懂得尊重革命前辈，
永不会数典忘祖，
像那些狂妄的不肖儿郎。
他把自己的双肩当作钢轨，
承担起战斗的传统，
承担起前进祖国的整个重量。
他也最热爱每个同志，
处处伸出温暖的手掌，
假日里悄悄给战友洗衣补袜，
夜夜为同志们的安全站岗。
他处处锻炼，时时学习，
生活对于他，永远是
沸腾的战场和紧张的课堂。
他就像大树伸出千万条根须，
不停地向大地吸取营养，
使自己长成一棵常青树，
而后还给大地一片荫凉……
亲爱的战友们，
立一个宏大的志愿吧，
让我们生活得像雷锋一样！
在我们的刺刀尖上，
凝聚起复仇的怒火；
在我们的琴弦上，
弹奏出党和人民的音响！
让我们举起每一本闪光的日记，

让我们抬出红彤彤的光荣榜，
向亲爱的雷锋同志报告：
“你的名字，
已成为我们共同的名字；
千万个雷锋，
正守在每个战斗岗位上！”

（《解放军报》1963年3月19日）

雷锋赞

◎未　央

湘江的流水啊，
　　奔腾不息，
　　　　那是在把你歌唱。
雪峰山的青松啊，
　　迎风呼啸，
　　　　那是在把你赞扬。
雷锋，
　　年轻的后生，
　　　　伟大的战士，
三湘的土地，
　　有了你这男儿，
　　　　又增多少荣光。
你活着，
　　你没有死，
　　　　你永远在我们身旁。
啊，
　　我看见了你，
　　　　看见你大步走来。
那南方人的小身材，
　　高昂着头，
　　　　眼睛多么明亮。

军装洗白了，
　　领章上的银星，
　　　　闪闪发光。
你说话，
　　带着湖南乡音，
　　　　严肃而幽默。
你爽朗的大笑，
　　情感真挚，
　　　　胸怀坦荡。
你走进邮局，
是寄一封家信，
　　　　问候慈爱的父母？
不，
　　提起家呀，
　　　　就叫人心伤。
父亲死在日本屠刀下，
　　哥哥替大老板挣钱死亡，
　　　　妈妈含冤悬了梁……
你走进邮局，
　　是寄一封情书，
　　　　给远方的姑娘？
不，
　　年轻人呀，
　　　　哪有工夫为这奔忙。
美妙的青春，
　　应该献给壮丽的事业，
　　　　献给亲爱的党。
你走进邮局，

是想起了人民政府，
想起遭灾的地方。
寄去你的钱，
寄去你全部的爱情，
寄去你宏大的理想。
雷锋，
年轻的后生，
伟大的战士，
你活着，
你没有死，
你永远在我们身旁。
星期天，
休息的日子，
你去看病。
工地上，
沸腾火热，
牵住了你的心房。
共产主义的大厦呀，
在破土奠基，
在竖柱架梁。
战士啊，
怎能白白走过，
怎能袖手一旁。
青春之火燃烧起来，
手推车，
吱嘎地响。
一滴滴汗，
滴进了，

土地深处。
一块块砖，
砌成了，
大厦的门窗。
这就是生病的时候，
这就是休息日，
这就是战士的生活。
雷锋，
你活着，
你永远在我们身旁。
又是一个日子，
大雨滂沱，
雷声滚响。
你抱着孩子，
背着小包，
和一个妇女走在路上。
好像从远方归来，
好像是一家人，
回到自己故乡。
不，
你是护送他们母子，
你们并不认识。
天下的劳动人民呀，
都是你的兄弟，
都是你的爹娘。
怒卷的风，
狂暴的雨，
天黑路长，

你的心里，
　　一片春景，
　　　　一片阳光。
活着，
　　就是为了使别人
　　　　过得更美好。
雷锋，
　　你没有死，
　　　　你永远在我们身旁。
我看见你，
　　驾着推土机，
　　　　威武地前进。
我看见你，
　　在列车里，
　　　　扫地抹窗。
我看见你，
　　写每天的日记，
　　　　那红色的历史。
我看见你
　　苦读毛主席的书，
　　　　沉思那每一句每一行。
我看见你，
　　伏在枕头上，
　　　　做着甜蜜的梦，
梦见了，
　　毛主席，
　　　　你热泪盈眶。
你的步伐，

　　就是强劲的鼓点，
　　　　铿锵作响。
你的生命，
　　就是鲜红的旗帜，
　　　　高高飘扬。
千万青年，
　　呼唤你的名字，
　　　　像你一样战斗。
你活着，
　　你没有死，
　　　　你永远在我们身旁！

（《湖南文学》1963年3月号）

雨　中

——雷锋墓前

◎姜颜华

凸起的石墓
在雨中沐浴
青松像绿色的卫士
在四周伫立
雨水沿着石阶在脚下徘徊
我拨开雨帘将你摄进眼里
我要洗出一张照片
带给百里以外的伴侣
我要让这雨水洗到我身上的尘埃
使我的思想与你的精神缩短距离

（《吉林日报》1983 年 3 月 7 日）

雷锋，在今天

◎白　隼

一

只要你来了，只要你在，
一年到头，
都是宜于播种的时候。

二

人们熟悉你的笑容，
热切盼望春燕如期归来。
其实你并没有离开我们，
这些年，一直
置身于共和国大步行进的队列。
只是烟雾，
一度迷蒙你的身影。
绚烂的花丛，
也曾被沾湿的泥水
弄得斑斑驳驳。

歌唱的河流终要
奔向指定的地域。

我们笑着迎接你，
也请你接纳我们，
作你亲爱的弟兄。

三

我们站在地球顶端，
听远方纷乱的脚步。
渐渐逼近烽火台。
你像一丛奋然开放的鲜花，
滤净空气中
分贝过量的噪音。

四

我们每天都得接受你
微笑的询问。
白荷世界容不下一点灰尘。

跟你在一起，
就会变成火，
就会变成钢；
或者晶莹的露珠，
在神州大地
静静闪亮。

（《人民日报》1990年3月1日）

雷锋颂

◎程金明

一支歌可以使人一夜走红
一台舞可以使人名扬四海
一部影片可以荣登宝座
一枚奖牌可以成为明星
而你，用短暂的青春
震撼了地球上一个人口最多的国度
却依然自称为——
一颗小小螺丝钉

你不是明星
你仅仅是一个普通的人
可你的形象
早已走进所有中国人的心灵
你知道吗
那位丢失火车票的大嫂
丢失了往日许多美好的记忆
至今却舍不下你送的那份温馨
那位孤独无后的牧羊老人
长眠时唯一念叨的
是你这个非亲非故的“亲人”
搬进高楼的抚顺灾民

至今还在品位着那香甜的月饼
本溪小学的校园
到处都长满关于你的故事
滔滔不绝的太子河里
波峰浪谷里翻卷着你的精神
你驾驶的汽车没有走遍天下
而你驾驶着时代走进了
　九十年代的清晨

你不是明星
但你凝聚了真善美的全部辉煌
你走进军营
军营里爱和恨的界限便更加鲜明
你走进车间
车间里便涌起鞍钢炉火的火热
　和沸腾
你走上柜台
柜台上便荡漾起三月春风的温馨
你走进医院
病房便成了百家姓氏组成的和睦家庭
你走向矿山
你走向都市
你走向农村
你走进炎黄子孙最得意的一页历史
你走进共产党人永不生锈的廉洁和坚贞

是的，你没有奢望成为明星
可人们都说

你的星座熠熠生辉　永放光明
当公共汽车行驶在平整的马路上
却没有了属于老人和孩子的席位
当金钱伙同私欲
在健康的肌肤上找到了培养基
当有人心怀叵测要摘下红旗上
悬挂的镰刀、铁锤和金星
人们便自然地想起你
想起你的面庞和身影
想起你的质朴和热情
想起你的挚爱和憎恨
人们埋怨社会风气像季候风
人们后悔把《雷锋日记》过早
　地化成纸浆
人们内疚心灵上落下尘灰和阴影
你不仅属于一个时代
你更是共产主义美德的象征

啊　我歌唱你
歌唱一个伟大的士兵
今天　我终于看见你的身后
又拥来了成群结队的人
他们踏着你走过的路
他们唱着你留下的歌
他们向着你追逐的目标——
　奋进！

（《解放军报》1990年3月4日）

雷锋和春天同行

◎姚业涌

啊，雷锋！
注视你的像片，
——是那样熟悉，
又是那样陌生；
阅读你的故事，
——是那样新奇，
又是那样激动……

是的，是那样熟悉！
当赖宁与烈火搏斗时，
我看到了你的身影；
在红旗列车的车厢里，
我看到了你的笑容；
在劳模大会的讲坛上，
我听到了你的心声……

你又是那样陌生！
你的精神在六十年代诞生，
那时候爸爸妈妈和我一般高，
正当我现在的年龄。
你的精神像滴滴乳汁，

哺育我的父辈，
哺育我的兄长，
哺育一代又一代魂灵！
你几次回到我们中间，
几次有人吹起冷风。
偏见和畸形的观念，
怎能阻遏朝霞东升！
我们歌唱你：雷锋——
光辉的榜样，时代的英雄！

我惊奇，你胜过神话——
团山湖农场成熟的稻穗，
闪耀着你血汗的结晶；
鞍钢工地推土机的履带，
留下你建设的脚印；
你驾驶的汽车发动机中，
有你的心永不疲惫地跳动。
你敦实的身材，
在党的怀抱里力量无穷。
你在为人民服务的无限中，
找到了最壮丽的人生！

我激动，你令我崇敬——
你小小的节约箱，
为我们留下无穷的财富；
你补了又补的军衣，
让我掂出民族的美德！
虽然我有那么多新衣，

可是在祖国大地上，
还有些许贫困的阴影，
艰苦奋斗的法宝，
决不能丢弃在杂草丛中！
你的日记告诉我，
你是怎样地长成——
假如忘记社会责任，
一个人的价值等于零！

啊，雷锋！
一代人有一代人的追求。
一代人有一代人的攀登。
你的道路曲折向前，
一直通向我们的心灵，
通向我们多思的年华，
通向我们人生的黎明。
——闪光的轨迹，
为共和国的历史，
增添无上骄傲和光荣！

当伟大领袖挥笔题词：
“向雷锋同志学习
——毛泽东”……
三月便蕴含新意，
你与春天同行。
啊，只要想起你，
就想起草绿花红；
只要想起春天，

就想起你青春的面容！
你的名字，你的精神，
焕发我们年轻的生命！

当九十年代展开
春天的第一个黎明，
我们向你发出邀请——
请你当我们的校外辅导员，
佩戴鲜艳的红领巾。
请你讲家乡望城的故事，
让我们了解昨天；
请你讲讲方向盘的作用，
让我们懂得路该怎样行；
请你与我们一起跳舞，
掀起欢乐的浪花层层；
请你和我们一起讨论：
什么是最美的人生？
我们甚至这样想象——
你开车路过我们学校，
一定会来看望我们，
给我们带来暖人的春风——

（1990 年 7 月）

雷锋，你是一条温暖的河流

◎刘　克

雷锋，你是一条温暖的河流
让我们追寻你的方向
让我们听到你的心音
让我们到达你的内心
迷失的季节
也初衷不改
让我们握紧你的双手
在崇敬里，为一种朴素歌唱

随时能感知到你的存在
日常生活。街头。车站广场
风里雨里
风雨兼程。雷锋
如果理解你长者的宽厚
如何理解你淡泊的心境
如何才不会再有冷漠
沉浮人们的心头

让我们效仿，最终
让我们成为你，

或者，成为你的一部分
雷锋，你是一条温暖的河流

（《解放军报》1993年3月2日）

叔叔永远年轻

◎尹世霖

有一位叔叔永远年轻，
二十二岁是他永恒的年龄。
一代代孩子都叫他叔叔，
不管岁月的长河滚滚奔腾。

年轻的叔叔有年轻的面容，
他的微笑留在千万人心中。
那微笑是正义、善良的化身，
是友爱和温暖的象征。

年轻的叔叔有年轻的心灵，
像一粒火种播进人们心中。
那火种放射出希望之光，
照亮人生的光辉旅程。

年轻的叔叔有年轻的精神，
这精神凝聚着中华文明。
就连著名的美国西点军校，
也把叔叔奉作学习的英雄。

爸爸、妈妈小时候向叔叔学习，

激动的小脸儿像红领巾一样
　鲜红。
我们也从小学习叔叔，
将来为祖国四化立功。

九百六十万平方公里土地上
　的人们，
哪一个不知道叔叔的英名！
年轻的叔叔永远年轻呀，
因为亿万人民心里都有你——
　雷锋！

（《中国少年报》第 1718 期）